Eckart Klein
Gesetzgebung ohne Parlament?

Schriftenreihe
der
Juristischen Gesellschaft zu Berlin

Heft 175

De Gruyter Recht · Berlin

Gesetzgebung ohne Parlament?

Von
Eckart Klein

Vortrag,
gehalten vor der
Juristischen Gesellschaft zu Berlin
am 24. September 2003

W
DE
G
RECHT

De Gruyter Recht · Berlin

Professor Dr. *Eckart Klein,*
Universitätsprofessor an der Universität Potsdam

Gedruckt auf säurefreiem Papier,
das die US-ANSI-Norm über Haltbarkeit erfüllt.

ISBN 3-89949-173-4

Bibliografische Information Der Deutschen Bibliothek

Die Deutsche Bibliothek verzeichnet diese Publikation in der Deutschen
Nationalbibliografie; detaillierte bibliografische Daten sind im Internet über
http://dnb.ddb.de abrufbar.

Printed in Germany

Satz: DTP Johanna Boy, Brennberg
Druck: Druckerei Gerike GmbH, Berlin
Buchbinderische Verarbeitung: Industriebuchbinderei Fuhrmann GmbH & Co. KG, Berlin

Inhalt

I. Einführung

Die fast empörte Fragestellung, die uns heute Abend beschäftigen soll, setzt voraus, daß das Parlament – darunter verstehe ich im folgenden den Bundestag – in jedem Fall an der Gesetzgebung beteiligt ist. Nun wissen wir allerdings, daß dies keineswegs so ist, jedenfalls dann nicht, wenn wir Gesetzgebung in einem weiteren Sinn als Recht- oder Normsetzung verstehen. Der Erlaß von Verordnungen ist Sache der Exekutive, wenngleich gesetzlicher Ermächtigungen bedürftig, aber es ist bekannt, daß darüber hinaus von sehr ernst zu nehmender Seite auf der Basis der sogenannten Wesentlichkeitstheorie[1] für ein gesetzlich unabgeleitetes,

---

[1] Vgl. BVerfGE 49, 89 (126); Hans H. von Arnim, Zur „Wesentlichkeitstheorie"

autonomes administratives Verordnungsrecht eingetreten wird, soweit diese Regelungen nämlich nicht dem Kriterium der Wesentlichkeit unterfallen[2]. Verwaltungsvorschriften, deren Rechtsqualität schwerlich zu leugnen ist und die in differenzierter Weise Außenwirkung entfalten[3], werden ohne Beteiligung des Parlaments von der Verwaltung erlassen. Entsprechendes gilt für Satzungen. Soweit gemeinschaftsrechtliche Normen – in erster Linie die Verordnungen, zukünftig „Europäischen Gesetze"[4] – in den Mitgliedstaaten unmittelbar anwendbar sind, ist das Parlament am Rechtsetzungsvorgang nur peripher beteiligt; hierbei handelt es sich wohl um das wichtigste Beispiel für die Abwanderung der Regelungsfähigkeit aus staatlicher Verantwortung[5]. Eine Verdrängung des Bundestages durch plebiszitäre Entscheidungen erfolgt nach geltendem Verfassungsrecht hingegen nicht.

Bedenken stellen sich indes vor allem dort ein, wo das Parlament zwar formal den Gesetzesbeschluß faßt, aber offenkundig ist, daß es bloß der Sache nach längst Vorausentschiedenes abnickt, oder wegen extremer Verkürzung des Gesetzgebungsverfahrens die Möglichkeit eingehender Deliberation schwindet. Gegenstand von Zweifeln sind auch von der Bundesregierung mit gesellschaftlichen Kräften getroffene Absprachen, mit denen Gesetzgebung vermieden werden soll, das Parlament vom Entscheidungsprozeß gerade ferngehalten wird, also die sich offenbar immer stärker verfestigende Tendenz zum konsensgesteuerten informalen Handeln[6].

---

des Bundesverfassungsgerichts, DVBl. 1987, S. 1241 ff.; Steffen Detterbeck, Vorrang und Vorbehalt des Gesetzes, Jura 2002, S. 235 ff.

[2] Fritz Ossenbühl, Autonome Rechtsetzung der Verwaltung, in: J. Isensee/P. Kirchhof (Hrsg.), Handbuch des Staatsrechts Bd. III, 1988, § 65 Rn. 12 f. Mehrheitlich wird diese Auffassung jedoch nicht vertreten, vgl. die Darstellung bei Arnd Uhle, Die Verordnungsgewalt unter dem Grundgesetz – Originäre oder derivative Kompetenz der Exekutive?, ZG 2001, S. 328 ff.

[3] Ossenbühl (Anm. 2), § 65 Rn. 37 ff.; Armin v. Bogdandy, Gubernative Rechtsetzung, 2000, S. 449 ff.; Horst Dreier, Die drei Staatsgewalten im Zeichen von Europäisierung und Privatisierung, DÖV 2002, S. 537 ff. (539).

[4] Art. 32 Abs. 1 des Entwurfs eines Vertrages über eine Verfassung für Europa (18. Juli 2003).

[5] Die „Umsetzung" einer EG-Verordnung in nationales Recht wäre rechtswidrig, da sie deren unmittelbarer Geltung und Anwendbarkeit Abbruch tun würde; EuGH, Rs. 272/83, Slg. 1985, 157, Rn. 27.

[6] Problemübersicht bei Matthias Ruffert, Entformalisierung und Entparlamentarisierung politischer Entscheidungen als Gefährdungen der Verfassung?, DVBl. 2002, S. 1145 ff.

Ungeachtet dieser Beobachtungen hat der Politikwissenschaftler *Hans Maier* festgestellt, der Deutsche Bundestag sei „das maßgebende Instrument der Gesetzgebung geblieben"[7], und *Klaus von Beyme* bezeichnet den Bundestag als „machtvollen Gesetzgeber"[8]. Von anderer Seite werden jedoch „Entparlamentarisierung", ja „Entmachtung" oder „Entmündigung" des Bundestages beklagt[9] und der Widerspruch scharf kritisiert, der zwischen der Vorstellung vom Parlament als dem Gravitationszentrum des demokratischen Verfassungsstaates und der faktischen Lage bestehe[10]. Natürlich muß man sich der Frage stellen, ob dieses Bild vom parlamentarischen Gesetzgeber und dem Gesetz nicht zu sehr vergangenheitsverhaftet und längst überholt ist[11].

Nur en passant sei darauf hingewiesen, daß auch im Hinblick auf die Bundesregierung Abwanderungsprozesse in von der Verfassung zumindest nicht benannte Gesprächskreise registriert werden; Stichworte sind oder waren einmal „Kressbronner Kreis" und „Koalitions"- oder „Elefantenrunden", die verfassungsrechtlich problematisiert worden sind[12]. Wichtige Veränderungen und Verschiebungen sind auch im bundesstaatlichen Gefüge schwerlich zu übersehen[13]. Sind also die oben geschilderten

---

[7] Hans Maier, 40 Jahre Grundgesetz – Eine Bestandsaufnahme, Speyerer Vorträge Heft 13 (1989), S. 9 ff. (16).

[8] Klaus v. Beyme, The Bundestag – Still the Centre of Decision-Making?, in: Institutions and Institutional Change in the Federal Republic of Germany, 2000, S. 32 ff. (35): „a powerful legislature".

[9] Vgl. etwa Ralf Dahrendorf, Traurige Parlamente, FAZ vom 08.09.1999, S. 49; Carl Böhret, Politik und Verwaltung, in: Verwaltung und Politik, 1986, S. 36 ff. (41).

[10] Dazu eindringlich Paul Kirchhof, Demokratie ohne parlamentarische Gesetzgebung?, NJW 2001, S. 1332 f.; ders., Gesetzgebung braucht Form und Stil, FAZ vom 04.09.2002, S. 8; Hans-Jürgen Papier, Reform an Haupt und Gliedern, FAZ vom 31.01.2003, S. 8; ders., Steuerungs- und Reformfähigkeit des Staates, in: Die Erneuerung des Verfassungsstaates, 2003, S. 103 ff.

[11] Vgl. Peter Lösche, Der Bundestag – kein „trauriges", kein „ohnmächtiges" Parlament, ZParl 2000, S. 926 ff. (929), der zu dem Ergebnis kommt: „Der Bundestag ist also an der Gesetzgebung beteiligt, ist aber nicht – wie der amerikanische Kongreß – Entscheidungszentrum im Gesetzgebungsverfahren, ist nicht Legislateur"; eine neue Sicht („Wandel von der parlamentarisch zur gubernativ zentrierten Regierungsform") wird auch von v. Bogdandy (Anm. 3), S. 3, 491 und passim vertreten.

[12] Vgl. Hans H. Klein, Die Funktion des Parlaments im politischen Prozeß, ZG 1997, S. 209 (220 f.).

[13] Zum die Parlamente in Bund und Ländern schwächenden „Exekutivföderalismus" Fritz Scharpf, Die Politikverflechtungs-Falle. Europäische Integration und deutscher Föderalismus im Vergleich, Politische Vierteljahresschrift 26 (1985), S. 323 ff.

das Parlament betreffenden Entwicklungen nur Teil eines allgemeinen Wandels, mit dem sich die staatlichen Institutionen und Strukturen neuen Herausforderungen (noch) systemadäquat anpassen oder muß die verfassungsrechtliche Alarmglocke wirklich schrillen?[14]

Bevor wir uns nun der näheren Bestandsaufnahme problematischer oder problematisierter Reduktion parlamentarischer Beteiligung an der Gesetzgebung zuwenden, ist vollständigkeitshalber auf eine – bislang nicht praktisch gewordene – Konstellation hinzuweisen, in der ein formelles Gesetz als zustande gekommen „gilt" – es liegt also eine verfassungsrechtliche Fiktion vor –, ohne daß der Bundestag einen Gesetzesbeschluß gefaßt hat. Mit dem in Artikel 81 Grundgesetz geregelten Gesetzgebungsnotstand wird Vorsorge gegen eine denkbare, aus der Weimarer Republik traumatisch überlieferte Verfassungsstörung getroffen[15], aus deren klar gezeichnetem Ausnahmecharakter indessen keinerlei Argumentationspotential für das Beiseiteschieben des Parlaments im normalen Gesetzgebungsprozess gewonnen werden kann.

II. Bestandsaufnahme

1. Grundgesetzlich bestimmte Einschränkungen parlamentarischer Gesetzesgestaltung

Einer der wichtigsten Punkte, mit denen die beklagte (materielle) Entparlamentarisierung der Gesetzgebung belegt wird, thematisiert die Versetzung des Parlaments in eine „Ratifikationslage", in der es insgesamt zu der ihm – meist von der Regierung – präsentierten Gesetzesvorlage nur noch „ja" oder „nein" sagen kann, an inhaltlicher Änderung oder Ausgestaltung aber faktisch gehindert ist[16]. Es lohnt sich zunächst, einen Blick auf die

---

[14] Zur Fragestellung Fritz Ossenbühl, Die Not des Gesetzgebers im naturwissenschaftlich-technischen Zeitalter, in: Nordrhein-westfälische Akademie der Wissenschaften, Geisteswissenschaften, Vorträge G 367, 2000, S. 29 ff. (mit derzeit noch verneinender Tendenz).

[15] Eckart Klein, in: Bonner Kommentar zum Grundgesetz, Art. 81 Rn. 4 (Stand: 1986); Hans Schneider, Gesetzgebung, 3. Aufl. 2002, Rn. 151.

[16] Diese Bindung an Vorgegebenes hat natürlich nichts zu tun mit der inhaltlichen Begrenzung des Gesetzgebers, die sich aus höherrangigem Recht, der Verfassung, ergibt, der das Parlament wie jede andere Staatsgewalt unterworfen ist (Art. 20 Abs. 3 GG).

vom Grundgesetz selbst vorgesehenen oder doch offenbar gebilligten „Ratifikationsfälle" zu werfen.

a) Der wichtigste Fall ergibt sich aus Artikel 59 Absatz 2 GG. Hier wird zwar das Parlament ausdrücklich – über das Instrument der Gesetzgebung – in den innerstaatlichen Ratifikationsprozeß einbezogen, aber es kann den von der Regierung ausgehandelten und bereits unterzeichneten völkerrechtlichen Vertrag letztlich – übrigens bei einer verkürzten Zahl von Lesungen[17] – nicht unmittelbar beeinflussen, sondern muß dem vorgelegten Entwurf eines Vertragsgesetzes entweder zustimmen oder ihn ablehnen[18]. Nur selten wird es gelingen, durch Ablehnung die Wiederaufnahme der Vertragsverhandlungen und die nach Ansicht des Parlaments bessere Berücksichtigung nationaler Verhandlungspositionen zu erreichen[19]. Da eine Ablehnung zugleich eine Absage an die stets prestigeträchtige Außenpolitik der Regierung bedeutet, wird sie die der Bundesregierung verbundene parlamentarische Mehrheit zu verhindern wissen.

Während das Urteil des Bundesverfassungsgerichts vom 12. Juli 1994 die Mitwirkung des Bundestages bei der Entscheidung über den Einsatz deutscher bewaffneter Streitkräfte im Wege des Parlamentsvorbehalts erweitert hat[20], ist die Stellung des Parlaments dadurch geschwächt worden, daß selbst gewichtige Fortentwicklungen eines Vertrags, dem der Bundestag einmal zugestimmt hatte, jedenfalls dann nicht der gesetzlichen Mitwirkung bedürfen, wenn sie sich nicht völlig von dem ursprünglichen Vertragskonzept lösen. Konkret ging es im Verfahren vor dem Bundesverfassungsgericht[21] darum, ob die Bestimmungen des Nordatlantikpaktes – unter Hinweis auf das von ihm generell verfolgte Ziel der Friedenswahrung – eine Ausweitung des Einsatzauftrages der Bundeswehr noch tragen, nämlich als Streitkräfte der Vereinten

---

[17] § 78 Abs. 1 GeschO Bundestag.

[18] § 81 Abs. 4 Satz 2 GeschO Bundestag.

[19] Eher möglich ist, das dem Vertrag zustimmende Vertragsgesetz materiell anzureichern; zwar bindet das Gesetz nur die deutsche Vertragsseite und kann formal den Vertrag nicht ändern, doch darf nur unter dieser Voraussetzung die völkerrechtliche Bindung des Bundes (Ratifikation) erklärt werden; dies ist dann völkerrechtlich erheblich (Art. 31 Abs. 2 (d) der Wiener Vertragsrechtskonvention von 1969, BGBl. 1985 II S. 926); als Beispiele aus der Praxis vgl. BGBl. 1963 II S. 705 (deutsch-französischer Freundschaftsvertrag); BGBl. 1972 II S. 354 (Entschließung zu den Ostverträgen). Zur Zustimmungsformel zum Moskauer und zum Warschauer Vertrag vgl. BVerfGE 40, 141 (144 f., 148 f.).

[20] BVerfGE 90, 286 (381 ff.) – Bundeswehr als „Parlamentsheer".

[21] BVerfGE 104, 151 (201 ff.).

Nationen oder als sonstige Krisenreaktionsstreitkräfte (Stichwort: Neues
Strategisches Konzept) zu dienen, oder ob der NATO-Vertrag damit,
wie es in einem Sondervotum zu einer früheren Entscheidung heißt,
„auf Räder gestellt" wurde[22]. Auch der Ausschluß des Parlaments von
der Kündigung völkerrechtlicher Verträge ist eine traditionelle und generell akzeptierte, aber immer weniger verständliche Rechtsansicht[23].

b) Eine vom Bundesverfassungsgericht in bestimmten Grenzen akzeptierte
Einschränkung parlamentarischer Entscheidung besteht bezüglich des
Einigungsvorschlages des Vermittlungsausschusses, über den der Bundestag zwar abzustimmen hat, seine Billigung also auch versagen kann,
aber Anträge zur Sache nicht zulässig sind, eine inhaltliche Debatte
somit prinzipiell ausgeschlossen ist[24]. Das Bundesverfassungsgericht
hat kürzlich die dem Vermittlungsausschuß gezogenen Grenzen etwas
schärfer definiert und dabei ausgeführt: „Der Beschlußvorschlag des
Vermittlungsausschusses muß insbesondere die Rechte der Abgeordneten im Gesetzgebungsverfahren wahren und die Gesetzgebungsent-
scheidungen der parlamentarischen Öffentlichkeit vorbehalten, um
einer weiteren Verlagerung der Entscheidungen in Ausschüsse und
Fraktionen und der damit vorhandenen Entparlamentarisierung der
Gesetzgebung entgegenzuwirken. Zudem darf der Bundesrat nicht durch
Beteiligung des Vermittlungsausschusses Einfluß auf die Gesetzgebung
gewinnen, ohne daß dieses – wie bei seinen Gesetzesinitiativen und
Stellungnahmen – zu einer Debatte im Bundestag führen müßte".[25]
Gleichwohl – der Spielraum des Vermittlungsausschusses bleibt recht
weit gespannt. Dies ist – in vernünftigen Grenzen – der Tribut, der dem
Gesetzgebungsverfahren in einem Bundesstaat der vom Grundgesetz
geprägten Form zu zollen ist[26].

---

[22] BVerfGE 90, 286 (372 f.). – Das Parlament verliert zunehmend an Steuerungs-
fähigkeit gegenüber internationalen Entwicklungen; vgl. den Bericht vom Roman
Schmidt-Radefeld/Christian Hauswaldt, Neuere Probleme der parlamentarischen
Legitimation im Bereich der auswärtigen Gewalt, DVBl. 2003, S. 178 ff.
[23] Zutreffend Rüdiger Wolfrum, Kontrolle der auswärtigen Gewalt, VVDStRL
56 (1997), S. 38 ff. (50).
[24] Vgl. BVerfGE 72, 175 (187 ff.); 78, 249 (271); zur Problematik ausführlich Rüdiger Schenke, Die verfassungsrechtlichen Grenzen der Tätigkeit des
Vermittlungsausschusses, 1984; Matthias Cornils, Politikgestaltung durch den
Vermittlungsausschuß, DVBl. 2002, S. 497 ff.
[25] BVerfGE 101, 297 (306 f.). Eine weitere Klärung ist von der Entscheidung
über die Vorlage des BFH vom 18.07.2001(I R 38/99) zu erwarten.
[26] Zur Frage der Besetzung des Vermittlungsausschusses von Seiten des Bundestages vgl. BVerfGE 106, 253 mit abweichender Meinung des Richters Broß
(S. 265 ff., 274 f.).

c) Erwähnt werden muß an dieser Stelle auch die große Flut gesetzlicher Bestimmungen, die in Umsetzung europäischer Richtlinien vom Parlament zu erlassen sind[27]. Schon nach dem EG-Vertrag selbst ist das normative Ziel in der Richtlinie verbindlich festgelegt, dem nationalen Gesetzgeber verbleibt nur die „Wahl der Form und der Mittel" [28]. In der Entwicklung des Gemeinschaftsrechts haben sich aber auch hierbei gravierende Einschränkungen ergeben, die die mitgliedstaatlichen Parlamente häufig nur noch auf die bloße Nachzeichnung des europarechtlich Vorgeformten verweisen[29].

2. Gubernative Präponderanz

Finden wir für die bisher erörterten Grenzen parlamentarischer Gestaltungs- und Entscheidungsfreiheit noch mehr oder weniger deutliche Anhaltspunkte in der Verfassung, führt die gubernative Präponderanz, die sich im Gesetzgebungsverfahren faktisch etabliert hat, zu teilweise sorgenvollen Äußerungen. Ralf Dahrendorf hat in einem mit „Traurige Parlamente" betitelten Beitrag für die Frankfurter Allgemeine Zeitung – just als Willkommensgruß für den Bundestag in Berlin – festgestellt, daß das Parlament zwischen der exekutiven Machtanmaßung und der Apathie der Wähler zerrieben werde[30].

a) Weitreichender Einfluß der Bundesregierung auf den Gesetzgebungsprozeß

Die Regierung ist freilich bereits auf der Grundlage des ihr in Art. 76 Abs.1 GG eingeräumten Initiativrechts an der Gesetzgebung maßgeblich beteiligt, und es gibt keinerlei vernünftigen Grund, insoweit eine Änderung anzustreben. Die Regierung verfügt meist eher als das Parlament über Informationen, die in Gesetzgebung münden sollen, und über die juristischen und bürokratischen Fähigkeiten, dies vorzubereiten[31]. Im Bereich der Vorlage völkerrechtlicher Verträge und des Haushaltsgesetzes hat die

---

[27] Dreier (Anm. 3), S. 540 f.
[28] Art. 249 Abs. 3 EGV; für das nach dem Entwurf eines Verfassungsvertrags vorgesehene sog. „Europäische Rahmengesetz" gilt dasselbe (Art. 32 Abs. 3).
[29] Thomas Oppermann, Europarecht, 2. Aufl. 1999, Rn. 551.
[30] Dahrendorf (Anm. 9).
[31] Vgl. etwa Ralf Tils, Politische vs. administrative Gesetzgebung, Recht und Politik 2002, S. 13.

Regierung sogar das Initiativmonopol[32]. Deutlich über diese initiierende Kompetenz hinaus reicht jedoch der faktische Einfluß der Regierung in das weitere Gesetzgebungsverfahren hinein, da die Gesetzmäßigkeit des parlamentarischen Regierungssystems üblicherweise dazu führt, Regierung und parlamentarische Mehrheit zusammenzuschweißen und diesem Block die Opposition (parlamentarische Minderheit) entgegenzustellen. Nur selten wird diese durchaus auch zuweilen durch politischen Druck aufrecht erhaltende Blockbildung aufgebrochen – wir erleben es dieser Tage. Selten hat man einen sonst eher machtbewußten Regierungschef seine eigene Fraktion so umwerben sehen wie gegenwärtig, wo es notwendig erscheint, zu treffende schwierige soziale Entscheidungen den Abgeordneten zu ver-mitteln[33]. Zugleich wird versucht – eine Vorwirkung der anderen Mehrheit im Bundesrat –, die Opposition bereits in die Gesetzesvorbereitung mit einzubeziehen. Bestimmte Konstellationen jedenfalls dämpfen – um bei *Dahrendorf* zu bleiben – gubernative Arroganz dem Parlament im Ganzen und seinen Teilen gegenüber. Grundsätzlich zeigt sich allerdings, daß es viel zu kurz gegriffen wäre, den legislatorischen Einfluß der Bundesregierung auf den Initiativakt beschränkt zu sehen.

b) Expertokratie

Offen diskutiert wird heute die sich immer stärker ausbreitende Expertokra-tie. Die überaus komplexen Sachverhalte technisch-naturwissenschaftlicher oder ökonomischer Art verlangen nach Ergänzung des in der Regierung oder auch im Parlament selbst verfügbaren Sachverstandes[34]. Was in diesem Zusammenhang aber tatsächlich geschieht, geht häufig weit über bloße sachverständige Beratung hinaus. Es werden nicht wirklich Chancen der Perspektiverweiterung wahrgenommen, sondern Errichtung und Zusammensetzung von Beratungsgremien und dadurch meist vorgeprägte Ergebnisse werden „vermachtet", werden bewußt als Machtfaktor in die politische Auseinandersetzung und Entscheidungsfindung eingeführt[35]. Das

---

[32] Für den Haushaltsgesetzentwurf (Art. 110 Abs. 3 GG) ist dies unbestritten, strittig ist diese Ansicht hingegen bezüglich des Vertragsgesetzes; Nachweise bei Rudolf Streinz, in: M. Sachs (Hrsg.), Grundgesetz, Kommentar, 3. Aufl. 2003, Art. 59 Rn. 55.

[33] Vgl. den Kommentar von V. Z., Zweite Runde, FAZ vom 06.09.2003, S. 10.

[34] Dies wird nicht grundsätzlich in Frage gestellt; vgl. etwa Ossenbühl (Anm. 14), S. 10 f., 24 ff.

[35] Zur „Vermachtung wissenschaftlicher Expertise" Karen Jaehrling, Der Einsatz wissenschaftlicher Beratung zur Strukturierung der politischen Kommunikation – eine „informelle Funktion" am Beispiel der Wehrpflichtdebatte, ZParl 1999,

13

präsentierte Expertenwissen soll Diskussionen auf die politisch ohnedies nicht tragbare Maxime „Es besteht keine Alternative" reduzieren[36]. Dies ist um so weniger akzeptabel, als Räte und Expertenrunden eben nicht nur Sachverstand, sondern stets auch bestimmte gesellschaftliche-politische Interessen repräsentieren und daher als Legitimationsfaktor nicht taugen[37]. Mit *ihrer* Hilfe eigene Bemühungen des Parlaments zu unterlaufen, ist schwerlich Ausdruck gehobener politischer Kultur – übrigens sind solche Aktivitäten nicht immer erfolgreich, wie der sogenannte „Nationale Ethikrat" des Bundeskanzlers im Verhältnis zur Enquete-Kommission des Bundestages „Recht und Ethik der modernen Medizin" belegt[38]. Es ist ein instrumentalisierter Irrtum, daß Expertenwissen die politische Entscheidung ersetzen kann.

c) Do-ut-des-Gesetzgebung

Die Zweifel verstärken sich, wenn die Regierung mit außerhalb institutionalisierter Staatlichkeit angesiedelten Instanzen abgesprochene, vereinbarte Gesetzesentwürfe einbringt. Ein Sonderfall war der Einigungsvertrag[39], der ja nicht nur das verfassungsrechtliche Ziel der Wiedervereinigung realisierte, sondern eine Fülle von Grundgesetzänderungen enthielt, die aber dem normalen – verfassungsändernden – Gesetzgebungsverfahren entzogen waren und als Teil des Vertrags nur im Paket angenommen oder abgelehnt werden konnten. Die Bedenken gegen eine paktierte Verfassungsänderung liegen auf der Hand[40]. Das Bundesverfassungsgericht hat sie mit der Einmaligkeit und Unwiederholbarkeit der historischen Situation gerechtfertigt[41]. Befand sich das Parlament im geschilderten Fall

---

S. 686 ff. (689); vgl. auch Hans-Jürgen Papier, Überholte Verfassung?, FAZ vom 27.11.2003, S. 8.

[36] Zur Fehlgeleitetheit dieser politischen Maxime Eckart Klein, Die Staatsräson der Bundesrepublik Deutschland, in: Staat und Völkerrechtsordnung, Festschrift für K. Doehring, 1989, S. 459 ff. (478).

[37] Ruffert (Anm. 6), S. 1147 m. N.

[38] Matthias Herdegen, Informalisierung und Entparlamentarisierung politischer Entscheidungen als Gefährdungen der Verfassung?, VVDStRL 62 (2003), S. 7 ff. (14).

[39] BGBl. 1990 II S. 889. – Dazu Eckart Klein, Der Einigungsvertrag – Verfassungsprobleme und –aufträge –, DÖV 1991, S. 569 ff.

[40] Ausführliche Diskussion dieser Problematik bei Andreas Haratsch, Die Befreiung von Verbindlichkeiten nach Art. 135 a Abs. 2 GG, 1998, S. 54 ff.

[41] BVerfGE 82, 316 (320 f.). – Zur Argumentation von der historischen Einmaligkeit vgl. Katharina Harms, Verfassungsrecht in Umbruchsituationen,

in einer echten Ratifikationslage, wird es in anderen Fällen oft faktisch in eine solche versetzt. Verhaltenszusagen bestimmter gesellschaftlicher Gruppen, insbesondere der Wirtschaft, werden mit Zusagen der Regierung, ein Gesetz bestimmten Inhalts einzubringen, belohnt[42]. Die „Do-ut-des"-Gesetzgebung, die dazu das Parlament politisch außen vor läßt, muß jedenfalls nach herkömmlichen Maßstäben Unbehagen auslösen. Das wohl bekannteste Beispiel einer solchen paktierten Gesetzgebung ist der sogenannte Atomkonsens. Nach Aushandlung des Kompromisses ist die „Vereinbarung zwischen der Bundesregierung und den Energieversorgungsunternehmen" zunächst paraphiert und erst nach Vorlage des Referentenentwurfs der Gesetzesänderung unterzeichnet worden. Die Atomgesetznovelle ist vom Bundestag dann so beschlossen worden[43] – Veränderungen im parlamentarischen Verfahren waren zwar theoretisch möglich, hätten jedoch zum Wegfall der Vereinbarung, die nicht als rechtliche, aber als politische zu qualifizieren ist, geführt. Zumindest wird die faktische Zwangslage, in der sich das Parlament hier befand, deutlich. Wegen der parteipolitischen Überformung verfügte auch die parlamentarische Mehrheit über kein Veränderungs-, nicht einmal über ein bloße Affirmation transzendierendes Diskussionspotential[44].

Hat der Atomkonsens immerhin noch den Weg zum parlamentarischen Gesetzesbeschluß eröffnet und wenigstens formal legislative Verantwortung begründet, entfällt dies bei auf Normvertretung oder Normabwendung zielenden Absprachen mit den (potentiellen) Adressaten eines von der Regierung in „Knüppel-im-Sack" Manier in der Hinterhand gehaltenen Gesetzentwurfes: entweder freiwillige Absprache oder Gesetz[45]. Hier werden faktisch, auf informalem Weg Verhaltensnormen – durchaus unter Druck – kreiert, die normalerweise vom Gesetzgeber unter Offenlegung

---

1998, S. 64 ff.; Eckart Klein, Probleme verfassungsrechtlicher Aufarbeitung der SED-Diktatur und ihrer Folgen, in: Materialien der Enquête-Kommission „Überwindung der Folgen der SED-Diktatur im Prozeß der deutschen Einheit" Bd. II/2, (1999), S. 929 ff. (993 ff.).

[42] Birthe Pasemann/Stefan Baufeld, Verfassungsrecht und Gesetzgebung auf Grundlage von Konsensvereinbarungen, ZRP 2002, S. 119 ff.

[43] Zum Ablauf der Geschehnisse im einzelnen Ruffert (Anm. 6) , S. 1148; vgl. auch Christine Langenfeld, Die rechtlichen Rahmenbedingungen für einen Ausstieg aus der friedlichen Nutzung der Kernenergie, DÖV 2000, S. 929 ff.

[44] Dazu Peter M. Huber, Konsensvereinbarungen und Gesetzgebung, ZG 2002, S. 245 ff. (251 f.).

[45] Hierzu mit Beispielen (Klimaschutz, gesetzliche Krankenversicherung) Herdegen (Anm. 38), S. 16; ferner H. H. Klein (Anm. 12), S. 219 f.

der politischen Verantwortung zu schaffen sind[46], nun aber für diese Verantwortungszuweisung untauglich und der Kontrolle entzogen werden. Die neben der Regierung an der Absprache beteiligten gesellschaftlichen Kräfte werden in einen privilegierten, der allgemeinen staatsbürgerlichen Gleichheit entgegengesetzten Status versetzt, der in ständestaatliche Zustände zurückführt. So tun sich demokratische wie rechtsstaatliche Bedenken auf. Der interessante Vorschlag[47], solche normvertretenden Absprachen im Sinne der verfassungsgerichtlichen Normenkontrolle mit Gesetzen gleichzustellen, mag das rechtsstaatliche Defizit – in einem formalen Sinn – mindern, würde aber das demokratische Bedenken, das gegen diesen sich breitmachenden Neokorporatismus besteht, nur noch verstärken.

3. Parlamentsinterne Gründe

Es wäre falsch, allein gubernativer Arroganz anzulasten, daß die Dignität von Gesetz und Parlament angegriffen ist. Manches hat auch parlamentsinterne Ursachen.

a) Sinnvolle Ausschußarbeit

Nicht hierher gehören allerdings die eher populistischen Vorwürfe, die Plenarsitzungen indizierten wegen der Abwesenheit zahlreicher Abgeordneter deren Unwilligkeit oder Unfähigkeit, ihre legislatorischen Aufgaben zu erfüllen[48]. Wir wissen, daß es notwendig und richtig ist, daß die eigentliche parlamentarische Gesetzgebungsarbeit – soweit sie nach oben Gesagtem stattfinden kann – in den Ausschüssen geschieht, die mehrheitlich durchaus in der Lage sind, ein sachkundiges Gegengewicht

---

[46] Martin Morlok, Informalisierung und Entparlamentarisierung politischer Entscheidungen als Gefährdungen der Verfassung?, VVDStRL 62 (2003), S. 37 ff. (77 f.).

[47] So Dieter Grimm, Diskussionsbeitrag, VVDStRL 62 (2003), S. 85 f. – Lothar Michael, Rechtsetzende Gewalt im kooperierenden Verfassungsstaat. Normprägende und normersetzende Absprachen zwischen Staat und Wirtschaft, 2002, S. 627 ff., will die Situation mit dem Hinweis darauf entschärfen, daß der Staat nicht aus der Verantwortung entlassen werde, da er es zulasse, daß Private durch Absprachen an der Gemeinwohlkonkretisierung mitwirken.

[48] Vgl. zur allgemeinen Frage Wolfgang Zeh, Demokratische Normalität oder verdeckter Verfassungskonflikt?, in: Pflicht und Verantwortung, Festschrift für C. Arndt, 2002, S. 225 ff.

zur Regierung zu bilden[49]. Die für Außenstehende vielleicht wirklich nicht leicht verständliche Beschlußfähigkeitsregelung in § 45 Geschäftsordnung Bundestag ist verfassungsrechtlich nicht zu beanstanden[50].

b) Geheimgesetzgebung

Viel problematischer ist das kein Einzelfall gebliebene Phänomen der „Geheimgesetzgebung". Hierunter zu verstehen ist ein Verfahren, durch das der Inhalt des zu beschließenden Gesetzes durch mangelnde Bezeichnung unerkennbar wird[51]. Dem von der Bundesregierung 1996 eingebrachten Entwurf eines Gesetzes über Mitteilungen der Justiz von Amts wegen in Zivil- und Strafsachen (Justizmitteilungsgesetz) wurden vom Rechtsausschuß kostenrechtliche Regelungen beigefügt. Während der Text der Ausschuß-Beschlußempfehlung eine den geänderten Gesetzesinhalt reflektierende Änderung des Gesetzestitels enthielt, wurde die Gesetzesbezeichnung der Drucksache selbst nicht verändert. Ohne Aussprache wurde in zweiter und sofort folgender dritter Lesung das Gesetz beschlossen[52]. Da es völlig wirklichkeitsfremd wäre anzunehmen, daß die anwesenden Abgeordneten sämtliche Gesetzesunterlagen studiert hätten, darf als gesichert unterstellt werden, daß gesetzliche Bestimmungen beschlossen wurden, von deren Existenz wohl die meisten Abgeordneten nichts wußten. Es ist in diesem Zusammenhang nicht nur die fehlende Transparenz, sondern auch die Verletzung von Art. 76 Absatz 1 GG (Initiativrecht) gerügt worden[53].

Weist das „Gesetz zur Änderung des Seemannsgesetzes und anderer Gesetze" von 2002[54] immerhin, wenn auch ohne Spezifizierung, auf weitere Gesetzesinhalte hin, so muß das „Gesetz zur Änderung des Rechts der Vertretung durch Rechtsanwälte vor den Oberlandesgerichten (OLG-Vertretungsänderungsgesetz – OLG VertrÄndG)" nicht nur den Rechtsanwender überraschen, wenn darin – durch Änderung der Strafprozeßordnung und anderer Verfahrensgesetze – Regelungen über

---

[49] Hans H. Klein, Aufgaben des Bundestages, in: J. Isensee/P. Kirchhof (Hrsg.), Handbuch des Staatsrechts, Bd. II, 1987, § 40 Rn. 18.

[50] Vgl. BVerfGE 44, 308 (314 ff.), zu § 49 Abs. 2 GeschO Bundestag (Fassung 1970).

[51] Zum folgenden näher Brun-Otto Bryde, Geheimgesetzgebung: Zum Zustandekommen des Justizmitteilungsgesetzes und Gesetzes zur Änderung kostenrechtlicher Vorschriften und anderer Gesetze, JZ 1998, S. 115 ff.

[52] Vgl. BGBl. 1997 I S. 1430.

[53] Bryde (Anm. 51), S. 116 f.

[54] BGBl. I S. 1163.

die Eidesleistung hör- oder sprachbehinderter Personen enthalten sind[55]. Die Rechtsanwender können immerhin über kurz oder lang auf die systematische Einarbeitung der Änderungen in die betroffenen Gesetze hoffen. Der Abgeordnete, der liest, daß über das OLG-Vertretungsänderungsgesetz abzustimmen ist, wird durch die verfälschende Titelei nicht einmal auf die Idee gebracht, es könnten ganz andere Materien als sich aus der Überschrift ergeben, zur Entscheidung anstehen. Parlamentarischer Gesetzgebung wird so kein guter Dienst geleistet.

c) Allzu sorgloser Umgang mit Rechtsquellen

Bedenken muß der sorglose Umgang mit etablierten Rechtsquellen hervorrufen. So unverzichtbar die Möglichkeit des Parlaments ist, Rechtsetzung zu delegieren[56], so begründungsbedürftig ist es, wenn das Bundesministerium der Justiz (seit 1993 wird in Abweichung vom Text des Art. 80 Abs. 1 GG die geschlechtsneutrale Bezeichnung verwendet)[57] gesetzlich ermächtigt wird, durch Rechtverordnung formelle Gesetze zu ändern, selbst wenn es nur um den Vollzug von Zuständigkeitsübergängen im Bereich der Bundesregierung geht[58]. Darüber hinaus ermächtigen Gesetze zum Erlaß von Rechtsverordnungen, regeln das eigentlich der Exekutive Überlassene aber gleich mit und stellen es dem Delegatar frei, das sozusagen vorläufig gesetzlich Geregelte per Rechtsverordnung zu ändern[59]. Die Großzügigkeit, mit der mit dem Prinzip des „Vorrangs des Gesetzes" umgegangen wird, stimmt nachdenklich. Die Durchmischung

---

[55] BGBl. 2002 I S. 1163. Hierzu Rüdiger Zuck, Als Ausnahmen merk Dir genau: Der Milchmann, doch die Eierfrau – und vor allem: das Bundesgesetzblatt, NJW 2002, S. 3066 f.

[56] Umfassend Michael Nierhaus, in: Bonner Kommentar zum Grundgesetz, Art. 80 Rn. 170 ff. (Stand: 1998).

[57] Schneider (Anm. 15), Rn. 241 a.

[58] Vgl. etwa Art. 56 Gesetz zur Anpassung gesetzlich festgelegter Zuständigkeiten an die Neuabgrenzung der Geschäftsbereiche von Bundesministern (Zuständigkeitsanpassungs-Gesetz) vom 18.03.1975 (BGBl. I S. 705); Art. 1 § 2 Gesetz zur Anpassung von Rechtsvorschriften an veränderte Behördenbezeichnungen innerhalb der Bundesregierung sowie zur Änderung des Unterlassungsklagengesetzes und des Außenwirtschaftsgesetzes vom 16.08.2002 (BGBl. I S. 3165). Vgl. auch Paul Kirchhof, Sprachstil und System als Geltungsbedingung des Gesetzes, NJW 2002, S. 2760.

[59] Dazu mit Beispielen Arnd Uhle, Verordnungsänderung durch Gesetz und Gesetzesänderung durch Verordnung?, DÖV 2001, S. 241 ff.; ders., Parlament und Rechtsverordnung, 1999, S. 169 ff.

18

parlamentarischer und exekutiver Rechtsetzung stößt sich am Prinzip der Normenklarheit und -wahrheit, verunklart die Urheberschaft und damit die Verantwortung; überdies spricht keinerlei faktischer Zwang für diese Praxis[60]. Die Beachtung des Grundsatzes vom Vorrang des Gesetzes darf auch vom Gesetzgeber selbst nicht in die Beliebigkeit der Exekutive entlassen werden. Die Tatsache, daß das Bundesverfassungsgericht keine Bedenken erhebt, ist weder tröstlich noch überzeugend, ebenso wenig Art. 35 des Entwurf eines Europäischen Verfassungsvertrags, der es zuläßt, daß „delegierte Verordnungen" nichtwesentliche Vorschriften Europäischer Gesetze oder Rahmengesetze ändern können.

d) Eilgesetzgebung

Ungeachtet der berechtigten Forderung, daß – falls nötig – Gesetze auch schnell zustande kommen, und unter Berücksichtigung des begrenzten Zeitbudgets des Parlaments wirft die Schnelligkeit des Gesetzgebungsverfahrens doch verschiedentlich die Frage auf, ob dem Parlament ausreichend Zeit zur Deliberation bleibt – vor allem wenn es sich um unter rechtsstaatlichem Aspekt zumindest schwierige Entscheidungen handelt. Hierzu zwei Beispiele:

Das sogenannte Zweite Anti-Terror-Paket (wie das Erste[61] eine Reaktion auf die Ereignisse des 11. September 2001) ist von der Bundesregierung rasch vorbereitet und zeitgleich mit der Vorlage eines Gesetzentwurfs der Mehrheitsfraktionen am 08. November 2001 eingebracht worden[62]. Die erste Lesung des Fraktionsentwurfes fand am 15. November, die des Regierungsentwurfs, wortgleich mit dem Fraktionsentwurf, am 12. Dezember 2001 statt. Beide Entwürfe wurden danach in der parlamentarischen Verhandlung zusammengeführt. Am 14. Dezember 2001 wurde nach zweiter und dritter Lesung der Gesetzesbeschluß gefaßt, am 20. Dezember 2001 stimmte der Bundesrat zu. Das Gesetz wurde am 09. Januar 2002 ausgefertigt und am 11.Januar 2002 verkündet[63]. Nach seinem Art. 22 ist das Gesetz am 01. Januar 2002 in Kraft getreten.

In der Literatur werden diese Vorgänge als „an der Grenze des demokratisch Verantwortbaren" kritisiert[64]. Die Abgeordneten hätten die

---

[60] Vgl. hierzu Hanno Kube, Vom Gesetzesvorbehalt des Parlaments zum formellen Gesetz der Verwaltung, NVwZ 2003, S. 57 ff.; ablehnend bereits früh Helmut Quaritsch, Das parlamentslose Parlamentsgesetz, 1961, S. 7 ff.
[61] BGBl. 2001 I S. 3436.
[62] BT-Drs. 14/7386 und 7386 neu.
[63] BGBl. 2002 I S. 361.
[64] Susanne Rublack, Terrorismusbekämpfungsgesetz: Neue Befugnisse für die

schnell geänderten Gesetzesfassungen kaum zur Kenntnis nehmen können. Immerhin ist der Fraktionsentwurf in den Ausschüssen (federführend war der Innenausschuß, der auch eine öffentliche Anhörung am 30. November 2001 durchführte) intensiv behandelt worden. Ob die stärker auf die Prävention als auf die Gefahrenabwehr fixierte Gesetzeskonzeption und die darin durchaus enthaltenen rechtstaatlichen Implikationen[65] allseits erkannt waren, mag zweifelhaft sein, aber von der zeitlichen Dimension her (8. November – 14. Dezember 2001) bestand doch wohl ausreichend Gelegenheit, sich jedenfalls mit Gegenstand und Zweck des Gesetzentwurfes vertraut zu machen und Bedenken zu artikulieren.

Problematischer dürften die Dinge im zweiten Beispiel liegen[66]. Zur Absicherung der infolge der Entführung Hanns Martin Schleyers für erforderlich erachteten Kontaktsperremaßnahmen wurde das Einführungsgesetz zum Gerichtsverfassungsgesetz geändert, um „jedwede Verbindung von Gefangenen untereinander und mit der Außenwelt einschließlich des schriftlichen und mündlichen Verkehrs mit dem Verteidiger zu unterbrechen". Dieses Kontaktsperregesetz vom 30. September 1977[67] ist in erster bis dritter Lesung, einschließlich Ausschußberatungen, zwischen dem 28. September 1977, 09:00 Uhr, und dem 29. September 1977, 15:30 Uhr, beraten und beschlossen worden, also innerhalb von rund 30 Stunden, wobei bemerkenswerterweise die Ausschußberatungen noch vor der ersten Lesung des Gesetzentwurfes im Plenum begannen. Die Frage ist, ob unter diesen Umständen überhaupt die Möglichkeit bestand, daß die Abgeordneten die Reichweite ihrer Entscheidung erkennen konnten. Das Bundesverfassungsgericht hat in seiner Kontaktsperrenentscheidung das Problem freilich überhaupt nicht thematisiert[68] – ob es die Schnelligkeit von vornherein als unproblematisch ansah oder stillschweigend von einer Notstandslage ausging, ist nicht erkennbar.

Sicherheitsbehörden, Datenschutz und Datensicherheit 26 (2002), S. 202; vgl. auch Martin Nolte, Die Anti-Terror-Pakete im Lichte des Verfassungsrechts, DVBl. 2002, S. 573 (574).

[65] Dazu kritisch Erhard Denninger, Zur rechtstaatlichen Problematik des Terrorismusbekämpfungsgesetzes, in: Deutsches Institut für Menschenrechte (Hrsg.), Menschenrechtliche Erfordernisse bei der Bekämpfung des Terrorismus, Dokumentation der Tagung vom 19.04.2002, 2002, S. 28 ff.

[66] Zum folgenden Ernst-Wolfgang Böckenförde, Der verdrängte Ausnahmezustand, NJW 1978, S. 1881 ff. (1882 ff.).

[67] BGBl. I S. 1877.

[68] BVerfGE 49, 24. – Zur zeitgeschichtlichen Einordnung vgl. Eckart Klein, Von der Spaltung zur Einigung Europas, in: D. Merten/H.-J. Papier (Hrsg.), Handbuch der Grundrechte, Bd. I, 2004, § 5 Rn. 96.

20

e) Parlamentarische Abstinenz

Zu erwähnen ist wenigstens, daß das Parlament sich der ihm möglichen
Steuerung menschlichen Handelns und gesellschaftlicher Prozesse begibt,
wenn es wichtige regelungsbedürftige Fragen nicht aufgreift – Arbeits-
kampfrecht und Staatshaftungsrecht sind zwei wichtige Felder[69]. Dazu
gehört auch der Schwangerschaftsabbruch, da die vorliegenden Zahlen den
Gesetzgeber längst entsprechend seiner Nachbesserungspflicht zum Handeln hätten veranlassen müssen[70]. Anderes wird in die Selbstregulierung
Privater ausgekehrt; die Corporate Governance ist hierfür ein Beispiel[71].

4. Richter als Ersatzgesetzgeber

Parlamentarisch-gesetzgeberische Untätigkeit oder die Flucht in Gene-
ralklauseln führt nahezu zwangsläufig in richterliche Normsetzung als
Rechtsfortbildung oder veritable Ersatzgesetzgebung. Bernd Rüthers hat
sich in diesem Kreis mit dem Problem ausführlich auseinandergesetzt[72]. Ich
belasse es daher bei der Erwähnung dieses vielbesprochenen Themas.

---

[69] Etwa Bernd Rüthers, Demokratischer Rechtsstaat oder oligarchischer
Richterstaat?, JZ 2002, S. 365.

[70] BVerfGE 88, 203 (258 ff., 264 ff., 269); Peter J. Tettinger, Schutz des
werdenden Lebens in Deutschland, in: Festschrift für K. Ipsen, 2000, S. 767 ff. (778);
Christian Starck, Verfassungsrechtliche Probleme der deutsche Abtreibungsgesetzge-
bung, in: Festschrift für H. Schiedermair, 2001, S. 377 ff. (382 ff.). – Gerade das
Beispiel der Abtreibungsproblematik zeigt, daß hier das Parlament besonders gefragt
ist, weil es nicht nur Interessengruppen repräsentieren, sondern das Gesamtwohl
anstreben soll. Genügt es bei ausgeglichen starken Interessengruppen, daß der Staat
die Funktion einer „Arena" ausübt, darf er sich bei fehlender Interessenvertretung
auf diese inhaltsleere Position nicht zurückziehen; vgl. dazu Irene Gerlach, Politischer
Gestaltungswille zwischen Politik und Kirche – der Gesetzgebungsprozeß im
„Funktionalen Staat" am Beispiel des § 218, in: Jahres- und Tagungsbericht der
Görres-Gesellschaft 2000, S. 89 ff. (100 f.).

[71] Zum Problem Martin Wolf, Corporate Governance, ZRP 2002, S. 59 ff.

[72] Rüthers (Anm. 69), S. 365 ff. Ferner: Udo Steiner, Der Richter als Ersatzgesetzgeber, NJW 2001, S. 2919 ff.; Ulrich Karpen (Hrsg.), Der Richter als
Ersatzgesetzgeber, 2002.

III. Stellung des Parlaments und Funktion der Gesetzgebung

Bevor eine rechtliche Bewertung der besprochenen Problemlagen erfolgen kann, müssen wir uns in der gebotenen Kürze mit der Stellung des Parlaments, insbesondere gegenüber der Regierung, und der heutigen Funktion der Gesetzgebung befassen.

1. Stellung des Parlaments

Im demokratischen Verfassungsstaat ist auch die Exekutive demokratisch legitimiert[73]. Auch die Regierung repräsentiert Volk und Staat. Die unmittelbare demokratische Legitimation, über die das Parlament im Verhältnis zur Regierung verfügt, führt zu keiner demokratischen Rangordnung im Sinne eines Kompetenzvorrangs des Parlaments[74].

Kompetenzzuteilung erfolgt nach den Maßstäben des Rechtsstaates und der Funktionalität[75]. Rechtsstaatliche Verteilungsmaßstäbe erfordern Klarheit der Kompetenzzuteilung, um Verantwortung und Rechtsschutz bestimmen zu können, aber sie erfordern auch die *Ver*teilung der Kompetenzen, um die nach wie vor aktuelle Grundidee der Gewaltenteilung – nämlich Schutz der individuellen Freiheit – zu gewährleisten[76]. Der Gesichtspunkt der Funktionalität soll sichern, daß dasjenige Organ handelt oder diejenigen Organe im Verbund handeln, deren strukturelle Beschaffenheit am ehesten geeignet erscheint, eine Richtigkeitsgewähr[77] zu bieten, also die Fähigkeit zu haben, die Entscheidung sachgerecht zu treffen.

2. Funktion der Gesetzgebung

Dies führt uns zur Diskussion der Funktion der Gesetzgebung im demokratischen Verfassungsstaat. Ziel der Erörterung ist nicht, die Reichweite des Parlamentsvorbehalts zu bestimmen[78]. Wir wissen, daß es insoweit Unklarheiten gibt, die aber interpretativ beseitigt werden können. Im Hinblick auf unser Thema ist interessanter zu erkennen, inwieweit die

---

[73] BVerfGE 49, 89 (124 ff.); 68, 1 (109).

[74] H. H. Klein (Anm. 49), Rn. 2.

[75] H. H. Klein (Anm. 49), Rn. 8.

[76] BVerfGE 68, 1 (86 f.); Peter Lerche, Gewaltenteilung – deutsche Sicht, in: Gewaltenteilung heute, 2000, S. 75 ff.

[77] Hierzu BVerfGE 68, 1 (109).

[78] Neuerdings dazu BVerfGE 106, 1 (22 ff.); vgl. auch BVerfGE 105, 279 (305) zu den Grenzen demokratischer Stützaspekte der Wesentlichkeitstheorie.

22

dargestellten Erscheinungen, die in der Regel ja zu einem Gesetzesbeschluß des Parlaments führen, demokratischen, rechtsstaatlichen und funktionalen Voraussetzungen verfassungsgemäßer Gesetzgebung genügen.

Seit dem Konstitutionalismus, dessen Erträge unser staatsrechtliches Rüstzeug noch immer maßgeblich bestimmen, hat sich die Bedeutung der Gesetzgebung und des Gesetzes erheblich gewandelt. Noch wird das Gesetz zwar überwiegend als verbindliche Regelung und Entscheidung qualifiziert[79], aber in anderer Hinsicht sind neue Züge unverkennbar: Im Konstitutionalismus bezeichnete das Gesetz die dauerhafte Regelung, und es hatte in scharfer Abgrenzung zur Verordnung ein klares gegen die Exekutive gerichtetes Profil, mit dem die Mitwirkung des demokratisch legitimierten Parlaments in einem der vordemokratischen Regierung abgetrotzten Bereich der Rechtsetzung definiert wurde – dem mit „Freiheit und Eigentum" bezeichneten Vorbehaltsbereich[80].

Der seitdem vollzogene Wandel ist schnell skizziert[81]. Auslöser war die enorme Zunahme der Staatstätigkeit. Das Ausgreifen des Staates in den sozialen Bereich, also die Sozialgestaltung, führt ebenso wie die vom heutigen Staat als gleichermaßen regelungsbedürftig angesehenen Sachverhalte im Umwelt-, Technik- und Medizinbereich zu einer oft nur noch schwer faßbaren Normenmasse, in der sich die majoritären politischen Programme niederschlagen[82]. Die Flut neuer Erkenntnisse verkürzt den Verfallswert von Entscheidungen. Die Gesetzgebung gerät in das Dilemma zwischen Stabilität und Dynamik, Gesetze verlieren ihre Verlässlichkeit und Würde – wer würde heute noch auf den Gedanken kommen, das Gesetz als Gegenstand der Verehrung zu betrachten, wie es während der Französischen Revolution der Fall war[83]. Heute kann allenfalls – freilich bei inzwischen 51 Änderungen auch nur noch beschränkt – die Verfassung das Attribut der Dauerhaftigkeit und Verehrung beanspruchen.

Wenn es bei der Gesetzgebung nicht mehr um demokratischen Bodengewinn gegenüber der Regierung gehen kann, so müssen andere Faktoren, parlamentseigene Faktoren der Grund dafür sein, das Parlament an der Gesetzgebung zu beteiligen – ein Monopol hat es nie besessen –, und aus

---

[79] Kurt Eichenberger, Zur Lage der Rechtssetzung, in: Grundfragen der Rechtssetzung, Social Strategies vol. 11 (1978), S. 3 ff. (4).

[80] Vgl. etwa Ulrich Scheuner, Die Funktion des Gesetzes im Sozialstaat, in: Festschrift für Hans Huber, 1981, S. 127 ff. (129 ff.).

[81] Scheuner (Anm. 80), S. 132 ff.

[82] Vgl. hierzu auch Hermann Hill, Gesetzgebung in der postindustriellen Gesellschaft, ZG 1995, S. 82 ff.; H. H. Klein (Anm. 49), Rn. 17; Ossenbühl (Anm. 14), S. 21.

[83] Vgl. die Diskussionsbemerkung von Walter Leisner, VVDStRL 62 (2003), S. 87.

ihnen müssen sich auch Maß und Intensität seiner Mitwirkung herleiten lassen. Oder anders: Welchen „Mehrwert" bringt die parlamentarische gegenüber der exekutiven Rechtsetzung und welche Folgerungen sind hieraus zu ziehen?

Der der Regierung eigene Informationsvorsprung und die Formulierungsüberlegenheit kommen in ihrem Initiativrecht und der fortbestehenden Einwirkungsmöglichkeit auf den Gesetzgebungsgang zum Ausdruck. Die maßgebenden Charakteristika des Parlaments sind die freie, gleiche und allgemeine Wahl der Abgeordneten, ihr freies Mandat, der die parlamentarische Beratung beherrschende Öffentlichkeitsgrundsatz und das Mehrheitsprinzip[84]. Hinzuweisen ist dabei auf folgendes:

Das Öffentlichkeitsprinzip hat eine nach innen und nach außen gerichtete Funktion. Nach innen dient es der freien Meinungsbildung des Abgeordneten, nach außen der Vermittlung in die Öffentlichkeit. Zwar wird immer wieder vor einer Überschätzung der Plenardebatte gewarnt[85], die Reden würden nur zum Fenster hinaus gehalten. Das allerdings ist gerade eine ihrer wichtigen Funktionen – denn das Volk steht draußen[86].

Anders als regelmäßig in der Regierung spiegelt sich im Parlament der eine freiheitliche Gesellschaft prägende Pluralismus[87]. In der parlamentarischen Debatte, natürlich auch in der Ausschußarbeit, kommt die Opposition zu Gehör und realisiert zugleich das rechtsstaatliche Element der Kontrolle[88]. Häufig nur im Parlament besteht die Chance, daß auch die nicht von mächtigen Interessengruppen vertretenen Interessen aufgenommen werden[89]. So zeigen gerade diese Eigenschaften parlamentarischer Beratung die besondere Kapazität des Parlaments zu Interessenausgleich und Interessenintegration[90].

---

[84] Hinweise hierzu bei Ruffert (Anm. 6), S. 1150 ff.; Helmuth Schulze-Fielitz, Gesetzgebung als materiales Verfassungsverfahren, NVwZ 1983, S. 709 ff. (711 ff.).

[85] So etwa von den Referenten der Staatsrechtslehrertagung 2002, Herdegen (Anm. 38), S. 18 und Morlok (Anm. 46), S. 35. Anders zu Recht H. H. Klein (Anm. 49), Rn. 6.

[86] Zutreffend Wolfgang Mantl, Diskussionsbeitrag VVDStRL 62 (2003), S. 100 ff. (102).

[87] Im Handyside-Urteil des EGMR, vom 07.12.1976, Série A 24, Rn. 49, wird ausgeführt: „Such are the demands of that pluralism, tolerance and broadmindedness without which there is no ‚democratic society'".

[88] H. H. Klein (Anm. 12), S. 220; Scheuner (Anm. 80), S. 137 f.

[89] Schon daher gehört die Diskussion über grundsätzlich neue (gesellschafts-) politische Weichenstellungen in das Parlament.

[90] Eichenberger (Anm. 79), S. 10.

24

Schließlich ist ein häufig vernachlässigter Gesichtspunkt hervorzuheben: Nur das Parlament kann kraft des Wahlaktes für sich beanspruchen, für alle zu sprechen. Nur in ihm ist die Egalität der Staatsbürger aufgehoben. Entparlamentarisierung und parlamentarische Selbstentmachtung wirken sich daher auf den Rechtsstatus des Bürgers aus, können daher nicht der Beliebigkeit der politischen Kräfte anheim gegeben sein[91].

Die Wahrung staatsbürgerlicher Gleichheit und die besondere Fähigkeit des Parlaments, Interessen aufzunehmen und auszugleichen und die gefundene Lösung nach außen zu vermitteln, um Akzeptanz zu finden, sind die zentralen Argumente, die die parlamentarische Mitwirkung bei der Gesetzgebung begründen. Daraus ist auch zu folgern, daß die parlamentarische Gesetzgebung *qualitativ* das Zentrum der Rechtsetzung zu bleiben hat – nicht quantitativ. Insoweit zeigt die Statistik sehr eindeutig, daß auf Bundesebene in den ersten 10 Legislaturperioden (1949 – 1987) 12.639 Rechtsverordnungen 3.990 Gesetzen gegenüberstehen[92] – das Zahlenverhältnis wird sich seitdem schwerlich zugunsten der Gesetze verändert haben. Aber die wesentlichen Entscheidungen sind dem Parlament vorzubehalten. Dies ist nicht Ausdruck einer Rechtsverordnungsphobie, vielmehr Folge verfassungsrechtlicher Überlegungen, die keine demokratische Spitze gegen die Regierung enthalten, sondern vor allem im Argument der staatsbürgerlichen Egalität zu verorten sind. Das Bundesverfassungsgericht hat zwar die Wesentlichkeitstheorie primär als demokratische Ergänzung des rechtsstaatlichen Gesetzesvorbehalts gefaßt[93], doch sind es nicht der demokratische Vorsprung der Legislative, sondern die mit dem Status des Parlaments, seiner besonderen Funktionsart – im Sinne Organadäquanz – verknüpften Eigenschaften, die das Parlament zum Träger oder jedenfalls notwendigen Mitträger der wesentlichen Entscheidungen bestimmen. Das Argument des demokratischen Vorsprungs trifft freilich im Verhältnis zu nichtstaatlichen, privaten Kräften zu, die allenfalls durch ihre Mitglieder, nicht aber durch das Gesamtvolk legitimiert sind[94]. Die Aufgabe der Gemeinwohlkonkretisierung kann ihnen daher nicht zukommen[95].

---

[91] Papier (Anm. 10), FAZ vom 31.01.2003, S. 8; Ruffert (Anm. 6), S. 1151. Vgl. ferner Martin Soppe, Parlamentarische Selbstentmachtung als faktische Wahlrechtsbeeinträchtigung, 2002.

[92] Zahlen nach Fritz Ossenbühl, Gesetz und Verordnung im gegenwärtigen Staatsrecht, in: G. Schuppert (Hrsg.), Das Gesetz als zentrales Steuerungsinstrument des Rechtsstaates, 1998, S. 27 ff. (33).

[93] Etwa BVerfGE 49, 89 (126); dazu Peter Badura, Staatsrecht, 3. Aufl. 2003, S. 544 f.

[94] Hier handelt es sich um ein grundsätzliches Defizit der Funktion der sog. Zivilgesellschaft.

[95] Vgl. aber Michael (Anm. 47), S. 234 ff., 496 f., der versucht, das Problem durch das „Prinzip der kooperativen Verantwortung" zu lösen.

Ich sehe daher keinen Raum, nunmehr, verstanden im Sinne eines veritablen Paradigmenwechsels, eine Neubestimmung der Rechtsetzung vorzunehmen und statt von parlamentarischer von gubernativer Rechtsetzung zu sprechen[96] oder die Auskehrung von Rechtsetzungsbefugnissen an Private beschönigend als Rückgabe der Souveränität an die Bürgerschaft zu qualifizieren.

IV. Bewertung und abschließende Betrachtung

1. Bewertung

Im folgenden sind die wichtigsten in unserer Bestandsaufnahme zu Tage geförderten Phänomene vor dem aufgezeigten verfassungsrechtlichen Hintergrund zu bewerten und einige abschließende Bemerkungen zu formulieren[97].

- Gegen die immer wieder kritisierte starke Einwirkung der Bundesregierung auf die Abgeordneten der Mehrheitsfraktionen mit dem Ziel, der Gesetzesinitiative der Regierung zum Erfolg zu verhelfen, ist verfassungsrechtlich nichts einzuwenden. Diese Einflußnahme liegt in der Logik des vom Grundgesetz etablierten parlamentarischen Regierungssystems.
- Die Etablierung von Beratungsgremien in der Exekutive ist grundsätzlich verfassungsgemäß. Allerdings muß klar sein, daß das Fach- und Sachwissen nicht die ausschlaggebende Kategorie ist. Wenn Schelsky – übrigens schon 1961 – erklärte, daß „an die Stelle der politischen Normen und Gesetze Sachgesetzlichkeiten der wissenschaftlichen Zivilisation treten, die nicht als politische Entscheidungen setzbar sind und als Gesinnungs- und Weltanschauungsnormen nicht verstehbar sind", und somit an die Stelle des politischen Volkswillens die Sachgesetzlichkeit trete[98], so muß dem widersprochen werden – und nicht nur vom verfassungsrechtlichen Standpunkt aus. Es ist meines Erachtens eine grobe Überschätzung wissenschaftlicher Forschung, ihr die Steuerung unseres Lebens zu überlassen. Maßgeblich bleibt die politische Entscheidung – schon wegen der notwendigen Alternativenselektion.

---

[96] v. Bogdandy (Anm. 3), passim.
[97] Hill (Anm. 82), S. 83.
[98] Helmut Schelsky, Der Mensch in der wissenschaftlichen Zivilisation, Arbeitsgemeinschaft für die Forschung des Landes Nordrhein-Westfalen, Heft G 96, 1961, S. 21 f.; dazu Ossenbühl (Anm. 14), S. 29 f.

- Die konsensuale, mit den Betroffenen (etwa Kernkraftwerkbetreiber) vereinbarte Gesetzgebung setzt das Parlament unter einen unziemlichen Druck, der den Rang parlamentarischer Beratung selbst in wichtigen Fragen degradiert und demgegenüber den Betroffenen den materiell entscheidenden Einfluß auf die Gesetzgebung einräumt. Es gibt gute Gründe, dies für unzulässig zu halten, weil die organadäquate Diskussion und die Entscheidung durch das Parlament *faktisch* vereitelt werden. Ob die Einbeziehung des Parlaments – auch der parlamentarischen Minderheit – in die Konsensgespräche das Problem löst, ist näherer Überlegung wert[99]. Überlegenswert ist auch, die Regierung – in Analogie zu Art 80 GG – zum Abschluß solcher Abkommen parlamentarisch zu ermächtigen[100].

  Die normvermeidende Absprache kann zwar dem Parlament den legislatorischen Zugriff auf die konsensuale Regelung rechtlich nicht nehmen. Sie stößt sich jedoch an der Verfassung, weil sie an der Schaffung verhaltensleitender Regeln extrakonstitutionelle Kräfte beteiligt, denen die allgemeine Legitimation fehlt, und verletzt damit die staatsbürgerliche Egalität. Ich bin nicht der Ansicht, daß demgegenüber auf der Basis eines „Prinzips der kooperativen Verantwortung", das im „kooperierenden Verfassungsstaat" gelten soll, Private zur Gemeinwohlkonkretisierung befugt sind[101].

- Die oben skizzierte „Geheimgesetzgebung" vernachlässigt den Funktionssinn parlamentarischer Arbeit und verstößt damit gegen den Zweck parlamentarischer Gesetzgebung. Besteht aus praktischen Gründen für die Abgeordneten nicht einmal die realistische Chance zu erkennen, was zur Abstimmung steht, so liegt hierin ein Verfahrensverstoß (Art. 76 , 77 GG), der verfassungsrechtlich nicht weniger ins Gewicht fallen darf als materielle Verfassungsverletzungen[102]. In seiner Schrift „Das parlamentslose Parlamentsgesetz" von 1961 hat Helmut Quaritsch eine im hamburgischen Aufbaugesetz enthaltene Fiktion, nach der vom Senat beschlossene Pläne als Teil des Gesetzes gelten, scharf kritisiert; es fehle insoweit nämlich die Gesetzesfeststellung, weil diese die Kenntnis des Gesetzgebers von dem zu beschließenden Gesetzesinhalt voraussetze. Ein Gesetz „als Wille ohne Vorstellung" entspreche nicht verfassungsstaatlichen Grundsätzen[103].

---

[99] H. H. Klein (Anm. 12), S. 226; kritisch Matthias Herdegen, Diskussionsbeitrag, VVDStRL 62 (2003), S. 114 ff. (115).

[100] Michael (Anm. 47), S. 495 ff.

[101] Michael (Anm. 47).

[102] Bryde (Anm. 51), S. 119 f.; Schulze-Fielitz (Anm. 83), S. 714.

[103] Quaritsch (Anm. 60), S. 41.

- In Abwesenheit ausdrücklicher verfassungsrechtlicher Rechtfertigung (vgl. Art 119 GG) ist an der Normenhierarchie festzuhalten. Der Vorrang des Gesetzes ist ein verfassungsrechtlich anerkanntes Element des demokratischen Rechtsstaates, das Maß gibt und Kontrolle ermöglicht. Es darf auch vom Parlament nicht beiseitegeschoben werden.
- Die Eile, mit der in einzelnen Fällen Gesetze durch das Parlament „gepeitscht" werden – so ja ein gängiger Ausdruck –, ist dann zu beanstanden, wenn sie die organspezifischen Beratungs- und Entscheidungsmöglichkeiten des Parlaments mißachtet. Ich sehe diese Grenze angesichts des konkreten Gesetzgebungsablaufs beim sogenannten Zweiten Anti-Terror-Paket nicht erreicht. Überdies ist dort eine interessante zahlreiche Gesetzesänderungen betreffende 6-jährige Verfallsklausel eingebaut[104]. Kritischer liegt der Fall beim Kontaktsperregesetz von 1977, doch ist nicht nur die unbestrittene Eilbedürftigkeit zu berücksichtigen, sondern vor allem die Tatsache, daß die eigentliche Sachfrage thematisch begrenzt und ihre rechtsstaatlichen Implikationen offenkundig waren.

2. Abschließende Überlegungen

Man kann sich der Einsicht schwer verschließen, daß das Parlament – so es will – viele der besprochenen Mängel selbst bereinigen könnte. Freilich müßte es sich seines eigenen Gewichts stärker bewußt werden. Dabei soll nicht verkannt werden, daß das Parlament es schwerer hat als die Regierung, sich öffentlich in Szene zu setzen[105], und auch sachlich und zeitlich überfordert ist. Es lohnt, darüber nachzudenken, ob das Parlament nicht gezielter, rechtliche Schneisen legend, wichtige Sachgebiete – zu denken ist vor allem an das Umwelt-, Technik- und Gesundheitsrecht, vielleicht auch an den Bereich der Sozialversicherung – mit Hilfe von Maßstäbegesetzen regeln sollte[106], während die Durchführung in diesem Rahmen dem Verordnungsgeber zu überlassen wäre.

Der Gedanke der anleitenden Kontrolle sollte auch in einer Verstärkung der parlamentarischen Ausschußtätigkeit vor allem dort seinen Ausdruck finden, wo das Parlament aus gemeinschafts- und verfassungsrechtlichen Gründen aus der Rechtsetzung verdrängt ist. Der Europaausschuß des

---

[104] Art. 22 Terrorismusbekämpfungsgesetz (Anm. 61).

[105] H. H. Klein (Anm. 12), S. 211.

[106] Vgl. zum Instrument des „Maßstäbegesetzes" BVerfGE 101, 158 (214 ff.); dazu Badura (Anm. 93), S. 761. – Vgl. auch Hans H. Klein, Die mehrspurige Demokratie, in: Festschrift für H. Helmrich, 1994, S. 255 ff. (262 f.) im Anschluß an Friedrich August von Hayek und Hans H. Rupp.

28

Deutschen Bundestages sollte – über die bereits jetzt entwickelten Initiativen hinaus – versuchen, gestaltend die Arbeit der Bundesregierung im Rat und die die Rechtsetzung auf europäischer Ebene vorbereitenden Gespräche zu begleiten[107]. Übrigens ist anzumerken, daß ein dem Entwurf eines Vertrags über eine Verfassung für Europa beigegebenes Protokoll die Rolle der nationalen Parlamente stärken will, indem es sie besser als derzeit in die Lage versetzt, sich frühzeitig zu den Vorschlägen für europäische Rechtsakte zu äußern[108].

Es muß auch deutlicher als bisher üblich betont werden, daß es Grenzen der Informalität gibt. Informales Handeln ist nicht grundsätzlich abzulehnen oder gar unzulässig[109]; in mancherlei Hinsicht ist es das Öl, das formales Handeln erst reibungsfrei ermöglicht[110]. Wem könnte dies klarer sein als Hochschullehrern, die zunehmend durch bürokratische Fesseln behindert sind und sehen müssen, wie sie trotzdem ihre Aufgaben bewältigen können. Aber Recht lebt letztlich vom formalen Handeln, weil es sonst seine Ordnungsfunktion, Kalkulierbarkeit und Legitimität verliert. Der maßgebliche Vorgang der politischen Willensbildung hat sich im verfassungsrechtlich geregelten Gesetzgebungsprozess, der nicht umsonst in der Verfassung so ausführlich geregelt ist, zu vollziehen. Es gibt keinen Grund, die „offene Gesellschaft der Gesetzgeber" zu proklamieren[111] und zur Deinstitutionalisierung[112] zu schreiten. Es geht nicht um den Schutz althergebrachter demokratischer Legitimationsvorstellungen, sondern um die Sicherung von Freiheit und Gleichheit der Bürger.

Die schleichende Verdrängung des Parlaments aus der Gesetzgebung ist nicht nur eine Frage der politischen Kultur. Der Verfassungsstaat bedarf der Form, um Stabilität und Vertrauen geben zu können – das ist wie im normalen Leben. Daß die Realität, wie gezeigt wurde, dieser Forderung teilweise nicht entspricht, ist richtig, daß sie ihr aber nicht entsprechen könnte, ist für mich nicht dargetan. Daher muß die Realität nicht konstitutionalisiert werden, sondern sie muß sich geltendem Verfassungsrecht bequemen.

---

[107] Zur Rolle des Europaausschusses vgl. Friedbert Pflüger, Die fortschreitende europäische Integration und der Europaausschuss des Deutschen Bundestags, integration 2000, S. 299 ff.

[108] Protokoll über die Rolle der Nationalen Parlamente in der Europäischen Verfassung.

[109] Allgemein Helmuth Schulze-Fielitz, Der informale Verfassungsstaat, 1984.

[110] Vgl. Morlok (Anm. 46), S. 50 ff.

[111] Helmuth Schulze-Fielitz, Theorie und Praxis der Parlamentarischen Gesetzgebung 1988.

[112] So aber Uwe Volkmann, Diskussionsbeitrag VVDStRL 62 (2003), S. 102 f.